Fotógrafo

Valor posicional

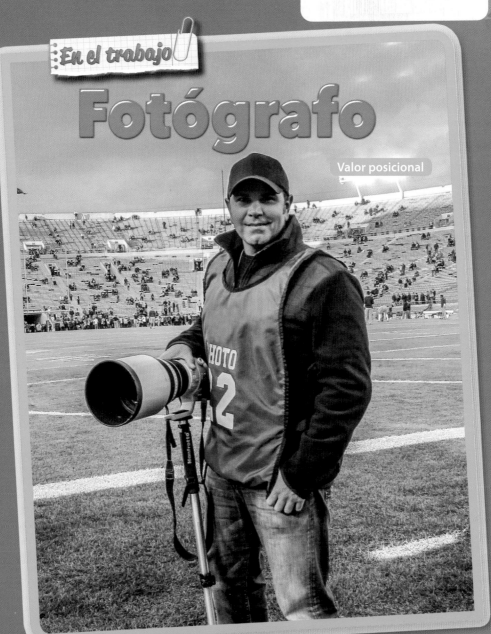

Kristy Stark, M.A.Ed.

Asesores

John Mattera
John Mattera Photography

Lorrie McConnell, M.A.
Especialista de capacitación profesional TK–12
Moreno Valley USD, CA

Créditos de publicación

Rachelle Cracchiolo, M.S.Ed., *Editora comercial*
Conni Medina, M.A.Ed., *Gerente editorial*
Dona Herweck Rice, *Realizadora de la serie*
Emily R. Smith, M.A.Ed., *Realizadora de la serie*
Diana Kenney, M.A.Ed., NBCT, *Directora de contenido*
June Kikuchi, *Directora de contenido*
Caroline Gasca, M.S.Ed., *Editora superior*
Stacy Monsman, M.A., *Editora*
Michelle Jovin, M.A., *Editora asociada*
Sam Morales, M.A., *Editor asociado*
Fabiola Sepúlveda, *Diseñadora gráfica*
Jill Malcolm, *Diseñadora gráfica básica*

Créditos de imágenes: portada, págs.1, 8, 12 cortesía de John Mattera;
contraportada, págs.2–3, 10, 11 (superior), 13 (ambas), 15, 17 (ambas), 18–19, 22,
24, 26, 29 John Mattera; pág.5 Jeff Loftin; pág.11 (inferior) Caden Correll; págs.19
(inferior), 23, 25 Maria Mattera; pág.21 Nicole Galasso; todas las demás imágenes de
iStock y/o Shutterstock.

Library of Congress Cataloging-in-Publication Data

Names: Stark, Kristy, author.
Title: En el trabajo : fotógrafo : valor posicional / Kristy Stark.
Other titles: Photographer. Spanish | Fot?ografo
Description: Huntington Beach, CA : Teacher Created Materials, [2018] |
   Series: En el trabajo | Audience: Age 8. | Audience: K to grade 3. |
   Includes index. |
Identifiers: LCCN 2018007589 (print) | LCCN 2018010699 (ebook) | ISBN
   9781425823207 (eBook) | ISBN 9781425828585 (pbk.)
Subjects: LCSH: Photography--Juvenile literature. | Photographers--Juvenile
   literature.
Classification: LCC TR149 (ebook) | LCC TR149 .S684418 2018 (print) | DDC
   770.23--dc23
LC record available at https://lccn.loc.gov/2018007589

Teacher Created Materials

5301 Oceanus Drive
Huntington Beach, CA 92649-1030
www.tcmpub.com

ISBN 978-1-4258-2858-5

Contenido

Conoce a un fotógrafo

¿Has pensado qué te gustaría ser cuando seas mayor? Piensa en las cosas que te salen bien. Piensa también en el tipo de cosas que te gusta hacer.

Tal vez te guste **capturar** recuerdos. Puedes hacerlo tomando fotos. Alguien que es bueno tomando fotos puede trabajar como fotógrafo.

Conoce a John Mattera. Él es fotógrafo. A John le encanta tomar fotos. Y también le salen bien. Las personas le pagan por sus fotos. Sus fotos ayudan a las personas a **rememorar** eventos especiales.

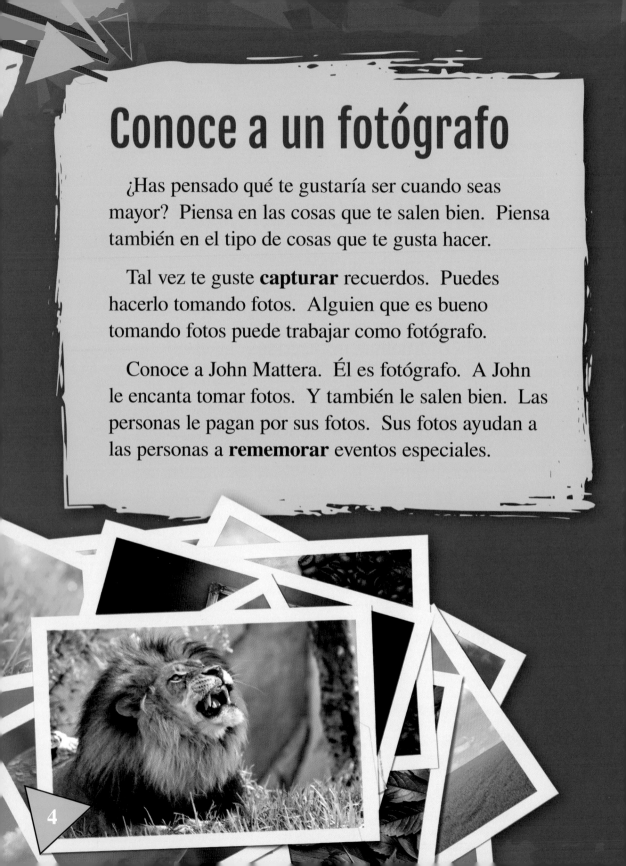

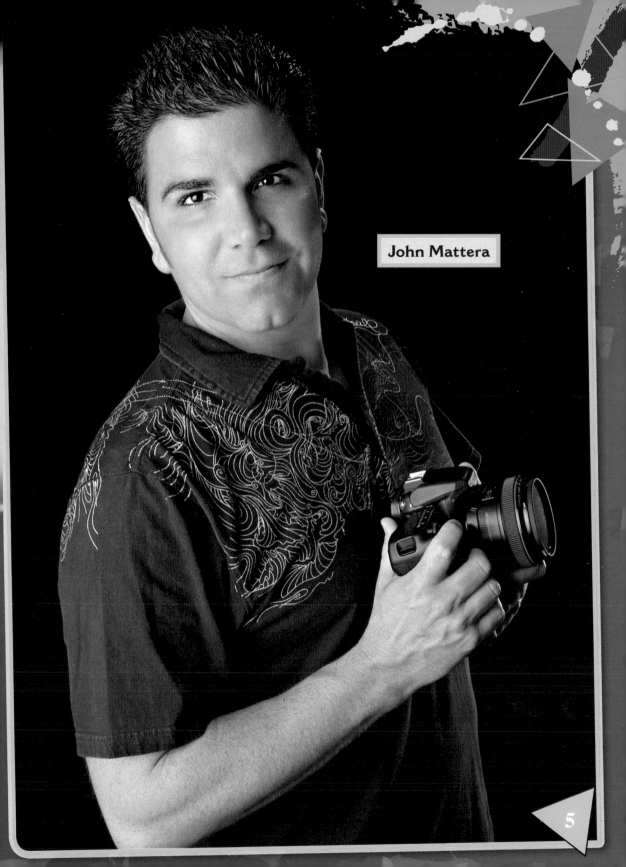

John Mattera

Sesiones de fotos

John toma fotos en muchos eventos. Los eventos son especiales. Las personas no quieren olvidarlos. Por eso **contratan** a fotógrafos como John.

Algunas personas le piden a John que tome fotos en su boda. O podría ser en una fiesta de cumpleaños. John también toma fotos de estudiantes al **graduarse** de la escuela. Todos estos son momentos que las personas no quieren olvidar.

Unos estudiantes se gradúan del bachillerato.

Unos novios posan para fotos el día de su boda.

EXPLOREMOS LAS MATEMÁTICAS

Imagina que John toma fotos en una boda. John cuenta 20 personas.

1. Describe cómo puedes mostrar 20 usando solo bloques de unidades.

bloque de unidades

2. Describe cómo puedes usar solo bloques de decenas para mostrar 20.

bloque de decenas

John también toma fotos en eventos deportivos. Toma fotos de sus equipos favoritos. Luego vende las fotos. Algunas de sus fotos se usan en las noticias.

A veces, John toma fotos que no incluyen personas. Toma fotos que muestran árboles y flores. También muestra otras cosas de la naturaleza. Estas se llaman fotos paisajistas.

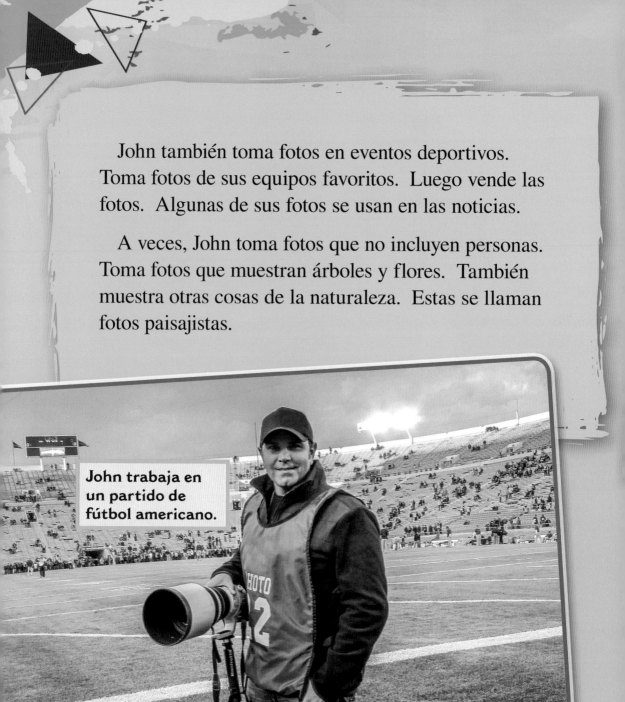

John trabaja en un partido de fútbol americano.

John tomó esta foto paisajista del océano.

EXPLOREMOS LAS MATEMÁTICAS

Imagina que John toma 100 fotos paisajistas. ¿Cuál de estos modelos muestra 100? ¿Cómo puedes hacer que los otros dos modelos muestren 100?

A.

B.

C.

Las herramientas necesarias

Cuando John va a sesiones de fotos, lleva su **equipamiento** con él. Tiene un bolso en el que caben todas sus cosas. Empaca el bolso con las herramientas que necesita para el día.

Las herramientas que lleva John **varían** según el tipo de sesión de fotos. Para todas las sesiones de fotos, necesita su cámara. También necesita algunas tarjetas de memoria. Estas tarjetas son pequeños discos en los que se guardan las fotos que toma John.

John necesita muchas tarjetas de memoria para las bodas. Toma más fotos en bodas que en cualquier otro tipo de sesión de fotos.

el equipamiento de John

tarjeta de memoria
en la cámara de John

EXPLOREMOS LAS MATEMÁTICAS

John usa tarjetas de memoria para guardar fotos. Imagina que en cada tarjeta de memoria hay espacio para 100 fotos.

1. John revisa las fotos en grupos de 10. ¿Cuántos grupos de 10 caben en una tarjeta de memoria?

2. John llena 6 tarjetas de memoria. ¿Cuántas fotos tomó?

3. John revisa 30 grupos de 10 fotos. ¿Cuántas fotos revisa? ¿Cuántas tarjetas de memoria llenan las fotos?

En su bolso, John tiene muchas lentes para la cámara. Estas lentes se conectan a la cámara. Una lente estándar puede usarse para varios tipos de fotos. Pero John puede cambiar la lente cuando lo necesita. El tipo de lente que necesita John depende del tipo de foto que tome.

John necesita una lente especial para tomar fotos en eventos deportivos. Se llama *teleobjetivo*. Esta lente puede ser muy grande. Y también puede costar mucho dinero. Pero esta lente puede tomar fotos desde muy lejos. John no necesita estar cerca de la acción para lograr fotos fabulosas.

John toma fotos en un juego de fútbol americano con su lente teleobjetivo.

lente teleobjetivo en una cámara

lentes para cámaras

13

John usa una lente gran angular para escenas grandes. Esta lente puede tomar zonas amplias. John usa esta lente para sus fotos paisajistas. La usa para tomar fotos de cosas altas, como edificios y también árboles.

Una lente macro toma fotos de cosas pequeñas. Estas fotos muestran muchos detalles. John usa esta lente cuando toma fotos de los anillos de los novios. También se puede usar esta lente para mostrar las cuentas del vestido de la novia.

John usó una lente macro para tomar estas fotos en primer plano.

John tomó esta foto paisajista con una lente gran angular.

En la sesión de fotos

Después de empacar todo, John va al lugar de la sesión de fotos. Este es el sitio donde tendrá lugar el evento o donde el **cliente** quiere que vaya. Una vez allí, es el momento de comenzar a tomar fotos. Primero, busca los lugares con el tipo de iluminación que necesita. A John le gusta usar una iluminación suave en muchas de sus fotos. Piensa que es mejor para hacer que sus fotos se vean geniales.

Luego, John intenta lograr que la escena se vea linda. Pero no quiere que la escena **distraiga** la atención de las personas en las fotos. La función de John es hacer que todo se vea perfecto.

mala iluminación

buena iluminación

John usó una velocidad de obturación baja para tomar una foto de fuegos artificiales.

John debe pensar rápido mientras toma las fotos para poder capturar momentos especiales. Tiene su cámara lista para no perderse nada.

También controla la velocidad del obturador. El obturador es la parte de la cámara que deja pasar la luz. A John le gusta usar una velocidad de obturación alta cuando toma fotos de cosas que se mueven rápido. Usa una velocidad de obturación alta en eventos deportivos.

Una velocidad de obturación baja se usa para mostrar **movimiento** en una foto. John usa esta velocidad para fotos de fuegos artificiales. Una parte de su trabajo es saber cuál es la mejor velocidad de obturación para cada foto.

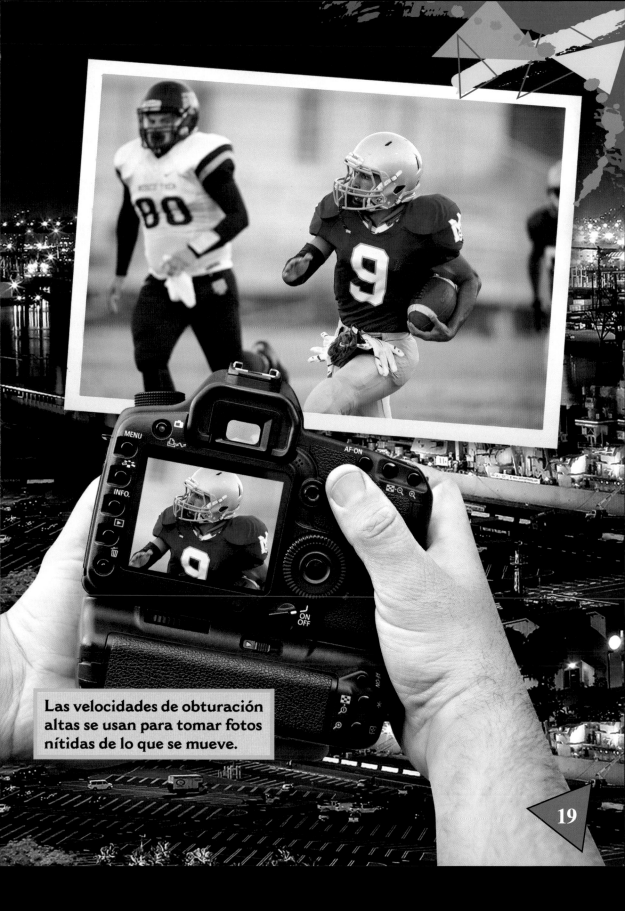

Las velocidades de obturación altas se usan para tomar fotos nítidas de lo que se mueve.

John toma muchas fotos en cada evento. Hay días en los que necesita ayuda. Una persona sola no puede tomar miles de fotos en una boda. Por eso contrata a uno o dos fotógrafos más para que lo ayuden.

John puede usar dos o más cámaras con diferentes tipos de lentes en un evento. Lo hace para no tener que parar para cambiar la lente. John quiere tomar tantas fotos como pueda. Quiere que sus clientes tengan muchas opciones.

EXPLOREMOS LAS MATEMÁTICAS

Imagina que John contrata a dos fotógrafos, Karla y Víctor, para que lo ayuden.

1. John toma 50 grupos de 10 fotos. ¿Cuántas fotos toma?

2. Karla toma 200 fotos más que John. ¿Cuántas fotos toma?

3. Víctor toma 40 grupos de 10 fotos. ¿Cuántas fotos menos que John toma?

John toma fotos en una boda.

Después de la sesión de fotos

Una vez que termina la sesión de fotos, puedes pensar que el trabajo de John también ha terminado. Pero la mayor parte de su trabajo está comenzando. Después del evento, mira todas las fotos. ¡Para algunos eventos, esto puede llevar horas!

John elimina todas las fotos que se ven borrosas. Elige las fotos que cree que el cliente querrá ver. Luego, edita esas fotos. Puede hacer que los colores se vean más brillantes. O puede eliminar manchas o **imperfecciones** en las fotos.

John edita las fotos en su computadora.

John elige las mejores fotos para mostrárselas a sus clientes.

Después de que John termina de editar las fotos, se las muestra a sus clientes. Ellos eligen las que quieren comprar. Pueden tener copias **digitales** de las fotos. O John puede mandarlas a imprimir.

Algunos clientes quieren que John les haga un álbum de fotos. Hacer un álbum puede llevar muchas más semanas. John elige y edita muchas fotos. Es mucho trabajo. Pero los álbumes ayudan a los clientes a rememorar sus fechas especiales.

John hizo este álbum de fotos para unos novios.

John edita las fotos de sus clientes para que luzcan de la mejor manera.

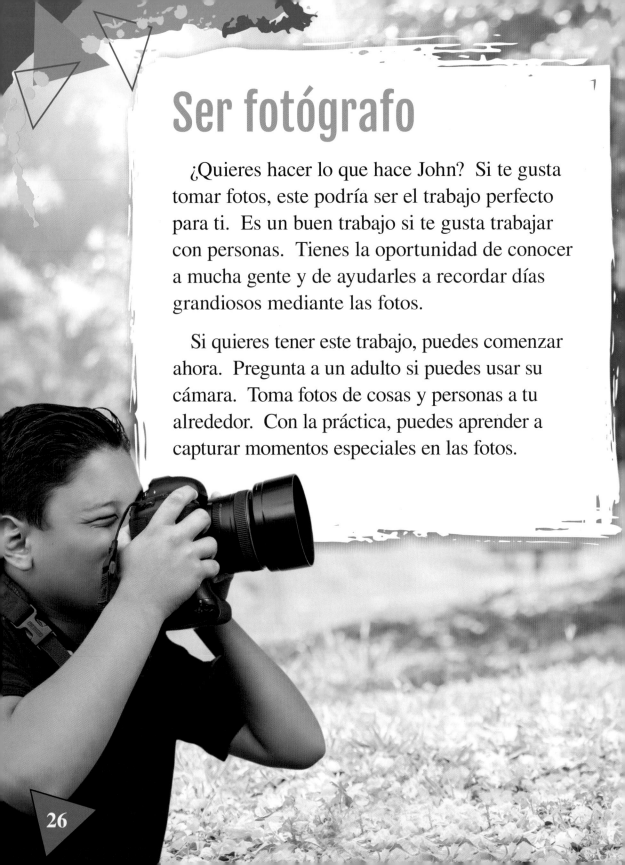

Ser fotógrafo

¿Quieres hacer lo que hace John? Si te gusta tomar fotos, este podría ser el trabajo perfecto para ti. Es un buen trabajo si te gusta trabajar con personas. Tienes la oportunidad de conocer a mucha gente y de ayudarles a recordar días grandiosos mediante las fotos.

Si quieres tener este trabajo, puedes comenzar ahora. Pregunta a un adulto si puedes usar su cámara. Toma fotos de cosas y personas a tu alrededor. Con la práctica, puedes aprender a capturar momentos especiales en las fotos.

Una familia toma fotos.

⚙️ Resolución de problemas

Imagina que John está haciendo álbumes de fotos. Hay 10 fotos en cada página y 10 páginas en cada álbum.

1. John tiene 400 fotos deportivas. ¿Cuántos álbumes de fotos completa?

2. John toma 900 fotos en una boda. ¿Cuántas páginas completa?

3. Después de una sesión en una fiesta de cumpleaños, John prepara 5 páginas de fotos. ¿Cuántas fotos son? ¿Es suficiente para un álbum de fotos completo? ¿Cómo lo sabes?

4. Un cliente que se graduó pide 3 álbumes de fotos completos. ¿Cuántas páginas y fotos hay en total?

Glosario

capturar: registrar algo en una película o una foto

cliente: alguien que le paga a una persona para que haga algo

contratan: pagan a alguien para que haga un trabajo

digitales: que pueden verse en una computadora, una tableta o un teléfono inteligente

distraiga: desvíe la atención de algo

equipamiento: herramientas o suministros que alguien necesita para hacer algo

graduarse: pasar de un nivel a otro en la escuela

imperfecciones: defectos o partes malas

movimiento: el acto de moverse

rememorar: recordar

varían: cambian

Índice

Soluciones

Exploremos las matemáticas

página 7:

1. Las descripciones variarán, pero deben incluir el uso de 20 bloques de unidades.

2. Las descripciones variarán, pero deben incluir el uso de 2 bloques de decenas.

página 9:

A. La imagen no muestra 100; se necesitan 100 bloques de unidades, así que se deben agregar 99 bloques de unidades a la imagen.

B. La imagen no muestra 100; se necesitan 10 bloques de decenas, así que se deben agregar 9 bloques de decenas a la imagen.

C. La imagen muestra 100.

página 11:

1. 10 grupos de 10

2. 600 fotos

3. 300 fotos, 3 tarjetas de memoria llenas

página 20:

1. 500 fotos

2. 700 fotos

3. 100 fotos menos que John; Víctor toma 400 fotos, y $500 - 400 = 100$.

Resolución de problemas

1. 4 álbumes de fotos

2. 90 páginas

3. 50 fotos; no es suficiente para un álbum de fotos completo porque los álbumes tienen 10 páginas y 100 fotos.

4. 30 páginas; 300 fotos